Les Saints de Boulancourt

NOTICE

SUR LE BIENHEUREUX GOSSUIN,
LA BIENHEUREUSE EMELINE
ET SAINTE ASCELINE

PAR C.-E. BOUILLEVAUX

ancien curé de Longeville

LANGRES

IMPRIMERIE LEPITRE-RIGOLLOT

—

1898

Les Saints de Boulancourt

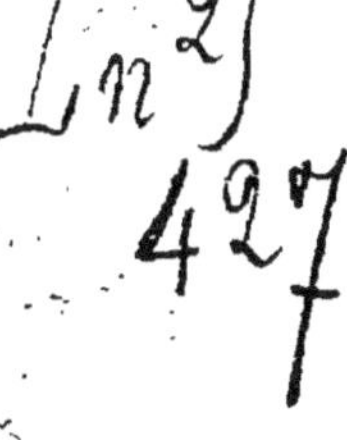

Les Saints de Boulancourt

NOTICE

SUR LE BIENHEUREUX GOSSUIN,

LA BIENHEUREUSE EMELINE

ET SAINTE ASCELINE

PAR C.-E. BOUILLEVAUX

ancien curé de Longeville

LANGRES

IMPRIMERIE LEPITRE-RIGOLLOT

—

1897

LES
SAINTS DE BOULANCOURT

I

A l'extrémité Nord-Ouest du département de la Haute-Marne, entre la Voire et la Laine, qui, non loin de là réunissent leurs eaux, s'élève, comme un promontoire entre les prairies qu'arrosent ces deux rivières, le village de Longeville, avec ses dépendances, en particulier le hameau de Boulancourt (1).

Ce site ne manque pas d'un certain charme. Du haut de la côte des vignes on voit se développer les belles prairies et les champs fertiles du bassin de la Voire, bornés par les côtes crayeuses de la Champagne. Vers le Midi nous avons sous les pieds le ravin pittoresque de profonde voie, la riche campagne de Louze ; et dans le lointain nous apercevons les côtes de Bar-sur-Aube... C'est un beau et fertile pays.

Si nous jetons avec les yeux de l'histoire un regard sur le passé, l'antique abbaye du Der, dont dépen-

---

(1) J'ai en m'a possession le cartulaire de l'abbaye de Boulancourt. M. l'abbé Lalore du diocèce de Troyes paraît en avoir eu connaissance, sans doute par l'intermédiaire de mon frère, ancien capucin, mort il y a trois ans au couvent de Céret. M. Lalore a publié en 1869 un travail qui n'est guère qu'une copie abrégée de mon cartulaire. M. l'abbé Lucot, curé de St-Etienne de Châlons-sur-Marne vient de publier (1877) une petite brochure sur l'abbaye de Notre-Dame de Boulancourt et le monastère du lieu des Dames de Boulancourt.

dit à une certaine époque l'église de Longeville (1110
nous revient à la mémoire, avec saint Berchaire so
fondateur, l'illustre abbé Adson, ami de Sylvestre I
et tant d'autres personnages distingués par leur
vertus et par leur science. A quelques kilomètres d
Longeville, à demi cachée par un rideau de saules e
de peupliers, la ferme de Flassigny nous rappelle d
dramatiques souvenirs. C'est là qu'à souffert sain
Léger, évêque d'Autun, victime d'Ebroin, le crue
maire du palais des Mérovingiens.

En nous dirigeant du côté de l'Ouest, et suivant l
longue rue de Longeville, nous arrivons à Boular
court. Ce hameau, dont la population est d'enviro
90 habitants, se trouve situé à l'extrémité du platea
de Longeville. Le niveau du terrain s'abaisse alor
assez rapidement, et nous descendons sur les bord
de la rivière de la Laine, limite des départements d
l'Aube et de la Haute-Marne.

Les moines du moyen âge aimaient les beaux sites
ils avaient fondé là un couvent, au sommet du co
teau. De sa cellule solitaire, le religieux cistercien
quoique uniquement préoccupé des choses du ciel
pouvait cependant jeter un coup d'œil sur la plaine
fertile qui s'étend au loin dans la direction de Brienne
(autre lieu célèbre au moyen âge et aussi dans les
temps modernes) : il admirait la bonté et la puissance
de Dieu dans ces belles campagnes couvertes de mois-
sons. Quelquefois peut-être, au milieu de son extase
mystique, il apercevait le chevalier de fortune, l'out-
law pillard, qui venait mettre le monastère à contri-
bution, mais sa foi ne faiblissait pas ; elle se ranimait
dans les tribulations, et il disait de toute son âme...

« *fortitudo et laus mea dominus et factus est mihi*
« *in salutem...* »

Le couvent de Boulancourt, fondé vers 1095, suivit
d'abord la règle des chanoines réguliers de saint
Augustin, et fut affilié à l'abbaye de saint Pierre-
Mont, près de Metz. Au milieu du XIIe siècle, les
moines de Boulancourt, avec l'assentiment du pape
Eugène et de l'évêque de Troyes, Henri de Carinthie,
se firent agréger à la famille cistercienne et à la filia-
tion de Clairvaux. Ce fut saint Bernard qui fut chargé
d'introduire la réforme dans le monastère.

A cette époque, il existait déjà, non loin du couvent
d'hommes, un monastère de femmes : cette maison
était située à moins d'un kilomètre au Nord-Ouest de
la grande abbaye, *au lieu dit des Dames de Boulancourt*. Quoique l'abbé de Clairvaux n'approuva pas
ce voisinage trop rapproché des deux couvents, il
s'efforça de faire fleurir la piété parmi les religieuses,
et il y réussit. Le monastère des Dames embrassa
aussi la règle de Citeaux.

II

Quand j'arrivai pour la première fois à Boulancourt,
j'aperçus l'indispensable enseigne du maître d'hôtel
du lieu ; mais cette enseigne n'était point un écriteau
vulgaire : c'était l'image d'une sainte, de sainte
Asceline, patronne du pays. C'était un souvenir qui
attestait un reste de foi religieuse dans cette population travaillée depuis si longtemps par l'impiété et le
matérialisme. Ce coin de la Champagne, aujourd'hui
si réfractaire à tout enseignement surnaturel, a été

embaumé dans la seconde moitié du XIIᵉ siècle par les vertus de trois saints, le bienheureux Gossuin, la bienheureuse Emeline et sainte Asceline.

Le bienheureux Gossuin paraît avoir habité les trois abbayes de Clairvaux, de Cheminon et de Boulancourt où il mourut en 1205.

Cependant il semble avoir mené aussi la vie érémitique : car il est dit dans la vie d'Asceline, que la jeune sainte et sa mère, lorsqu'elles quittèrent leur pays, sans doute d'après les avis de saint Bernard leur parent et conseiller, allèrent trouver un saint prêtre qui vivait dans le bois près de Boulancourt... « en retraite du monde et d'une vie si pieuse qu'il « semblait plutôt un ange qu'un homme... » et se mirent sous sa direction. Nous croyons qu'il s'agit ici de Gossuin. Un avertissement du ciel éclaira celui-ci sur ce qu'il avait à faire à l'égard de ses nouvelles pénitentes. Saint Jean l'évangéliste apparut à Gossuin, lui disant... « homme de Dieu, je suis le mignon de « Jésus-Chrit qui reposa sur son sein au sacré mys- « tère qu'il fit au dernier jour de sa vie mortelle ; « vous savez qu'il lui fut agréable, étant à la croix « proche de son trépas, de me recommander la Sainte « Vierge mère, me disant : voilà votre mère et, lui « disant : femme voilà votre fils. Je suis donc envoyé « de sa part pour vous dire qu'il vous recommande « la vierge Asceline avec sa mère, afin que vous lui « instruisiez diligemment en la crainte filiale et « amour de Dieu, parce qu'il veut faire en elle de « grandes choses (1). »

(1) La Sainteté Chrétienne.

Le moine Gossuin paraît avoir dirigé longtemps les bienheureuses Emeline et Asceline : il mourut plusieurs années après elles. Ce saint homme a laissé quelques renseignements sur ses deux filles spirituelles.

D'après Desguerrois, auteur de la *Sainteté Chrétienne*, le corps du vénérable Gossuin aurait été inhumé près des tombeaux d'Emeline et d'Asceline, au couvent des Dames. Plus tard ces saintes reliques furent transportées à la grande abbaye des cisterciens de Boulancourt.

III

Notre siècle, que nous appelons modestement, le siècle des lumières, a cet avantage qu'il met en relief les moindres personnalités, surtout les personnalités excentriques. Tout français sachant lire et écrire, et ayant du savoir faire, peut avoir la prétention de figurer dans Vapereau. Il n'en était pas ainsi au XII° siècle. Celà veut-il dire que le douzième siècle était une époque d'ignorance !... Non pas... Ce siècle valait bien le nôtre.

Nous serions fort embarrassés de trouver de notre temps un homme de la valeur de saint Bernard.

Quoiqu'il en soit nous sommes un peu au dépourvu pour écrire la vie de sainte Emeline : de son temps les biographes étaient moins nombreux et moins prolixes qu'à présent.

La bienheureuse Emeline est-elle la mère de sainte Asceline ?... C'est la croyance générale, c'est la conviction populaire à Longeville et dans les environs.

Il est question cependant dans certains documents d'une bienheureuse Emeline vierge et sœur converse qui a passé une partie de sa vie à Pertha-Sicca (Perthe-Sèche, territoire d'Yèvres Aube), ferme qui dépendait des moines de Boulancourt et était située à quelques lieues de l'abbaye.

Aux XII⁰ et XIII⁰ siècles le couvent de Boulancourt, comme les autres monastères, reçut un grand nombre de donations. A ces époques de foi et de piété le recrutement du personnel religieux était facile : aussi la grande abbaye envoyait-elle de petites colonies dans les terres du voisinage pour en avoir soin. De là l'établissement de granges ou de fermes plus ou moins nombreuses suivant la richesse du couvent. Les habitants de ces granges conservaient des relations hebdomadaires avec l'abbaye mère.

La bienheureuse Emeline aurait donc habité la grange ou ferme de Perthe-Sèche. Cette résidence à Perthe-Sèche ne prouve pas qu'Emeline ne soit pas la mère de sainte Asceline, mais d'un autre côté Emeline vierge ne peut être le même personnage qu'Emeline veuve.

Voici quelques extraits du cartulaire de Boulancourt qui indiquent les noms de plusieurs membres dela famille d'Asceline. Ces pièces semblent trancher la question du nom de la mère de notre sainte : elle se serait appelée Agnès et non Emeline.

« Je Henry évêque de Troyes fait à scavoir à touts
« que Guy de Maizières fils d'Herbert Bergier a donné
« à l'église de Boulancourt touts ses Alleux partout
« ou ils se trouvent à scavoir la huitième partie en
« l'alleu de Maizières et de Valentigny et des Bordes

« et de l'Alleu de Lisle proche Bar, et ses cens,
« vignes, prés, hommes et terres et terrage. Ce qui
« fut fait le jour qu'il se rendit à l'église de Boulan-
« court. De ce sont témoins Guy d'Auxerres et Geauf-
« froy de Dijon moines de Clairvaux, et Asceline sœur
« de Guy converse de Boulancourt et prieure.....
« Miles de Maizières mary de la mère du dit Guy
« donna la même semaine sa fille cadette à l'église
« de Boulancourt et donna pour sa dotte sa portion
« qu'elle avait aux Bordes en deça du Rü de Gome
« vers Boulancourt, en bois en plaine en terrage et
« en cens moüvent du fief du comte Henry qui ap-
« prouva cette donation, en présence de Henry
« évêque de Troyes de Guyard archidiacre de Guyart
« de Bar l'an 1152.....
« Je Agnès femme d'Herbert dit en son surnom
« Bergier ay donné à l'église de Boulancourt le même
« jour qu'il y fut enterré pour le salut de son âme, et
« pour Asceline ma fille aînée que j'ay donné à cette
« église ce que je possédais entre le Rü de Gome et
« celui de Laine (la Laine ou l'Aine) en touts droits,
« ne m'y reservant que l'usage dans les bois, pour
« moy et mes hommes ; leurs uzages sur toutte la
« terre de Valentigny et la dixme que j'avais à Mai-
« zières de ce sont témoins Herbert et Wiart sa nièce
« de Maizières, Wiart le chevalier de Morinvilliers
« et sa femme Rosceline Huot le chevalier et sa
« femme Lancesnne, Symon et Herbert de Crepy
« Miles de Maizières, Raoul Jean du Donjon de
« Brienne, Roland de Valentigny, Etienne l'Abbé,
« Marguerite mère de la dite Agnès. »
Dans un autre acte fait par Henry, évêque de

Troyes, et non daté sur le cartulaire, il est question d'Herbert Bergier.

Dans une autre charte antérieure à l'an 1155, Henri de Carinthie, évêque de Troyes, confirme les donations faites à Boulancourt, entre autres... «... toutte « la partie du même Alleu provenant d'Herbert Ber- « gier de Guy son fiis et d'Ade (1) sa fille qui se sont « donnez à Boulancourt. »

Il s'agit encore ici de la famille de sainte Asceline qui fut véritablement, dans plusieurs de ses membres, une famille de prédestinés, quoique la bienheureuse Emeline ne paraisse point en avoir fait partie.

Cette dernière vécut dans l'obscurité à la ferme de Perthe-Sèche, non loin de Rosnay. Il est certain qu'elle revenait souvent à Boulancourt comme l'ordonnait la règle ; et il est très probable qu'elle édifia souvent par sa présence le couvent des Dames.

La vie d'Emeline, dans ses humbles occupations, cette vie passée au milieu des champs, avec les créatures du bon Dien, qui lui étaient toutes familières, comme à saint François, était une vie de recueillement et de piété : on raconte que les oiseaux lui obéissaient comme le loup sauvage au doux et gracieux patriarche d'Assise. «... Comme elle (Emeline) « priait Dieu, dit la chronique, des corneilles me- « naient du bruit de leur enroué ramage ; elle leur « commanda de se taire, et de ne la point interrompre « de leurs cris importuns ; ce que les oiseaux firent !.»

Le vénérable Gossuin raconte qu'Emeline se livrait

---

(1) Cette Ade est elle la sœur cadette d'Asceline, ou Asceline elle-même ?...

à de grandes mortifications... « Elle jeunait trois
« jours par semaine. Pendant l'avent et le carême,
« elle se privait de pain. Elle portait sur le corps un
« rude ciilice, et autour des reins une ceinture de fer
« armée de clous. L'hiver comme l'été, elle n'usait
« point de chaussure. Toujours en prière, tou-
« jours occupée, même en filant, elle méditait les
« psaumes... »

La vie humble et retirée de notre bienheureuse ne
l'empêchait pas d'avoir une grande influence sur la
contrée : les personnages importants du pays venaient
la consulter sur ce qu'ils avaient à faire, et Emeline
leur annonçait d'avance quel serait le résultat de
leurs entreprises. On raconte que Symon de Broyes,
seigneur de Beaufort (Montmorency) venait un jour
la voir et se recommander à ses prières ; il allait
partir pour la guerre. La sainte lui dit qu'il ne revien-
drait pas sain et sauf de cette expédition, mais qu'il
y perdrait un œil : et c'est ce qui arriva.

En mémoire des vertus, et des prédictions d'Emeline Symon de Broyes fit une donation à l'église des
Dames de Boulancourt, comme nous allons le voir.

Nous ne connaissons pas l'année précise du trépas
de notre bienheureuse. Elle était morte certainement
avant 1185 et même avant 1182, puisqu'il est question, à ces dates, dans mon cartulaire, d'une lampe
que l'on devait allumer devant son tombeau. M. l'abbé
Lalore dit qu'elle n'existait déjà plus en 1176. Emeline fut inhumée au couvent des Dames de Boulancourt, et après la destruction de ce monastère, ses
restes précieux furent transférés à la grande abbaye.

Citons de suite quelques extraits de notre cartulaire relatifs à sœur Emeline.

En 1182 Symon de Beaufort donna à l'abbaye de Boulancourt des terres, des prés, etc., etc., « et vingt « sols de cens à Outines que le maire du dit lieu « leur payera à la St-Jea pour l'entretien d'une « lampe.,... » Il s'agit sans doute ici de la lampe dont il est question dans les piéces suivantes... « Je Ma- « nassés évêque de Troyes fait à scavoir à touts qui « sont et seront que Symon de Beaufort a donné à « l'église de Boulancourt vingt sols de cens à perce- « voir à Autigne (Outines) à la nativité de St-Jean « pour le luminaire d'une lampe qui brûlera à la sé- « pulture de sœur Emeline. En présence de Dreux le « chapelain, de Jacques d'Eclance et de Miles son « frère, de Guy de Pougey et de Martin de Beaufort. « L'an 1185... »...« Je Huet (Hugo, Hugues) comte « de Rhétel et Félicité mon épouse faisons à scavoir « que Symon jadis sire de Beaufort ayant donné à « l'église de Boulancourt pour le luminaire d'une « lampe vingt sols de cens à percevoir sur la totalité « du cens à luy due à Outines. nous avons confirmé « la même donation. Que si dans la suite, il n'y a « plus de nonnes, nous l'avons donné pour le lumi- « naire du grand autel de l'église de Boulancourt, ce « que je fis sceller de mon scel l'an 1210. »

« Je Felicitas (Félicité) dame de Beaufort ditte « comtesse de Rhetel fait à scavoir à touts que je me « suis fait aporter touttes les chartes et donations de « mes prédécesseurs à l'église de Boulancourt à sca- « voir de Symon sire de Beaufort mon père, de Huet « (Hugo, Hugues), comte de Rhetel mon mary,

« touttes les quelles je me fis expliquer en françois
« et pour plus grande sureté pour les dits Religieux
« je les ai touttes confirmé et approuvé a scavoir ce
« que Messire Symon de Broyes mon aïeul, Symon
« de Béaufort mon père ont donné à la ditte église à
« scavoir.... (suit une longue énumération de dona-
« tions)... et en outre... plus vingt sols pour l'entre-
« tien de la lampe des converses, reversibles à la
« grande église si elles sont détruites, plus... etc.,
« etc.... ce qui fut fait l'an 1230... »

Nos redoutables barons du moyen-âge donnaient
souvent à leurs filles, surtout en Champagne, le nom
d'Emeline. Ce qui impressionnait le plus la rude
nature de ces hommes de guerre, c'était la simplicité,
la grâce, la douceur d'une humble converse. C'est le
triomphe du christianisme de réunir, de faire sym-
pathiser le lion terrible et l'agneau timide.

Le nom d'Emeline est encore porté de notre temps,
quoique plus rarement !... Ce nom charmant est celui
de la petite fille du propriétaire de la chapelle sainte
Asceline à Boulancourt. O gentille Emeline imitez
votre patronne !... « *Hemelina virgo, tota cœlesti-*
« *um flagrans desiderio, multis virtutibus ac mi-*
« *raculosis signis coruscans* (1). Vierge Emeline,
« toute emflammée des désirs du ciel, illustre par
« vos vertus et vos miracles... priez pour nous.. »

Dans leurs études hagiographiques sur le mois
d'octobre, les nouveaux bollandistes font mention de
la bienheureuse Emeline sœur converse et du bien-

_____

(1) **Ménologe de Citeaux.**

heureux Gossuin moine, de l'ordre de Citeaux : *« De
« B. Hemelina conversâ et B. Gossuino monacho,
« cistercientibus. »* Le ménologe de Citeaux fait mémoire de la bienheureuse Emeline au 27 octobre, en louant sa sainteté et l'austérité de sa vie qui lui procurèrent une mort précieuse devant Dieu.

IV

La famille de sainte Asceline (1) était alliée à celle de saint Bernard, et Agnès, sa mère, était proche parente du thaumaturge du XII° siècle. Desguerrois dit qu'elle était aussi cousine de Geofroy, évêque de Langres.

La mère d'Asceline naquit à Ville-sous-la-Ferté près de Clairvaux : elle épousa un digne homme nommé Herbert, et surnommé Bergier, « noble en vertu comme en sa maison. »

Les vieux chroniqueurs écrivent l'histoire d'une façon un peu fantaisiste, mais ils le font avec tant de simplicité, de naïveté, et on doit même dire de bonne foi, que nous nous ferons un plaisir de les citer.

Donc la naissance d'Asceline fut annoncée à sa mère par un ange d'une beauté éblouissante. Ce messager céleste était vêtu d'une robe blanche comme la neige, il dit à Agnès qu'elle donnerait le jour à une fille d'un grand mérite envers Dieu, remplie de

(1) Desguerrois a écrit la vie de sainte Asceline : nous avons cru n'avoir rien de mieux à faire, que de la citer souvent, dans son style naïf et charmant.

grâces et un exemplaire de toutes les vertus. Sainte Glodesinde, vierge et abbesse de Metz lui apparut aussi et lui dit : réjouissez-vous bonne mère : oh ! que vous êtes favorisée de Dieu ! cette fille que vous portez maintenant dans votre sein, aura des grâces particulières, fera des merveilles au monde, et me sera égale en mérite.

On suppose qu'Asceline naquit vers 1140. Il nous semble que la date de sa naissance doit être antérieure à cette année : car, comme nous l'avons vu, dans un titre de 1152, elle est appelée alors converse et prieure de l'abbaye des Dames de Boulancourt ; or il nous parait difficile d'admettre, qu'à l'âge de douze ans, une jeune fille, si sainte qu'elle fut, put occuper dans un monastère la place de prieure.

Asceline avait un frère appelé Guy, sans doute son aîné ; il entra plus tard au monastère d'hommes de Boulancourt. Elle avait aussi une sœur cadette qui s'appelait probablement Ade (peut-être l'abbréviation du nom d'Adeline): cette dernière se consacra aussi à Dieu au couvent des Dames.

D'après les pièces du cartulaire, il semble que les possessions territoriales de la famille d'Asceline étaient situées surtout à Maizières et à Valentigny. Il pourrait bien se faire qu'Herbert et sa femme Agnès aient habité souvent leurs domaines situés dans les environs de l'abbaye de Boulancourt : au moins ce qui est constaté par Agnès elle-même, c'est que son mari Herbert surnommé Bergier fut enterré dans l'église de ce couvent.

Revenons à notre jeune sainte : elle était toute aimable, toute belle, toute gracieuse ; c'est la chro-

nique qui le dit. Asceline aimait le bon Dieu de tou
son cœur, et souvent joignait ses petites mains pou
invoquer le père qui est au ciel. Prières des petit
enfants, supplications des cœurs purs, que vous ête
agréables à Dieu !...

Asceline avait cependant quelques défauts,... « er
« bas âge, elle s'amusait d'aucunes fois à prendre er
« cachette à sa bonne mère quelques pommes, poires
« ou autres friandises, comme font les enfants, mai.
« toutes les fois qu'elle se laissait entraîner par la
« gourmandise, au même moment, elle se sentai
« tirée par la robe, et entendait ces paroles : cessez
« ma fille, cessez cette vicieuse façon de faire ; cela
« ne vous est pas convenable. C'était sans doute son
« ange gardien qui l'admonestait, duquel elle sentai
« la main qui la tirait et la voix qui lui parlait... »
Asceline profita de cet avertissement du ciel, réprima
son penchant à la sensualité et... « devint grande-
« ment sobre et retenue, n'osant toucher à aucune
« chose sans la permission de sa mère... »

Notre sainte n'avait que cinq ans lorsqu'elle perdit
son père, qui fut inhumé, comme nous l'avons vu,
dans l'église de Boulancourt. Disons en passant, que
dans ce temple, reçurent aussi la sépulture plusieurs
personnages importants, entre autres deux évêques
de Troyes. Ces chrétiens d'un autre âge, croyaient
trouver là un asile, où ils pourraient reposer en paix
jusqu'au jour de l'appel de l'ange du jugement : ils
se trompaient ; leurs tombeaux ont été vendus et pro-
fanés. Il y a quelques années, la charrue retournait
leurs ossements blanchis par les siècles.

Asceline se trouva donc orpheline toute jeune

encore : la chronique raconte qu'elle et sa mère deman-
dèrent et suivirent les conseils de leur parent, l'illustre abbé de Clairvaux. L'hagiographe est sans
doute ici dans le vrai, Il est certain que notre jeune
sainte et sa mère eurent de nombreuses relations
avec St-Bernard. Il est probable aussi que la veuve
d'Herbert Bergier vécut pendant un certain temps
avec sa jeune fille à Boulancourt, et l'accompagna
dans quelques voyages. Mais prit-elle le voile comme
le dit Desguerrois ? Dit-elle un adieu éternel au
monde ? Veuve inconsolable, n'aspirait-elle plus
qu'à rejoindre la chère âme qui l'attendait au céleste
séjour ?..... Ces descriptions sentimentales font très
bien dans des pages empreintes d'une douce mélan-
colie... Mais le fait est que notre bonne Agnès,
quoique excellente femme et chrétienne très zélée,
épousa en secondes noces Miles de Maizières... Se fit-
elle religieuse plus tard ?... nous ne le savons pas...

On dit que St Bernard se servit d'Asceline pour
établir la réforme parmi les converses qui dépendaient
du couvent de Boulancourt. Est-ce Asceline qui la
première a réuni en communauté ces religieuses, et a
fondé le couvent des Dames ? Nous croyons qu'il
existait là, avant qu'Asceline fut nommée prieure,
une communauté quelconque de femmes. Henri évêque de Troyes, qui confia Boulancourt à St Bernard,
dans la lettre qu'il écrivait à cette occasion à l'abbé
de Clairvaux, parle expressément de femmes qui
appartenaient ou qui étaient attachées par des liens
religieux à l'abbaye de Boulancourt ; or, il n'est guère
probable que les converses habitassent la grande
abbaye des hommes, ou seulement les fermes qui en

dépendaient. Il y avait donc déjà probablement à cette époque une communauté de femmes au lieu dit des dames de Boulancourt.

Agnès, la veuve désolée, et la douce Asceline âgée d'environ cinq ans, vinrent donc à Boulancourt, pour pleurer sur le tombeau d'Herbert et s'occuper de leur salut : elles prirent pour directeur un prêtre jeune encore, mais d'une grande vertu, qui n'était autre, selon nous, que le bienheureux Gossuin. Sous cette sainte et habile direction, la jeune enfant se forma à la piété et arriva bientôt à un haut degré de perfection. Cependant là encore, le démon lui tendit des pièges qu'il savait cacher sous de belles apparences... citons le chroniqueur :

« ..... Le diable n'ayant rien gagné sur les défauts
« de son enfance, que par la grâce de Dieu, elle avait
« si bien corrigés, lui dressa un autre piège pour
« l'attraper et perdre son âme et son corps en son
« innocente simplicité . . . . . étant arrivée à l'âge
« de douze ans et quelque peu plus, comme les sœurs
« religieuses s'étaient employées à faire dans la cour
« de leur maison des cierges pour servir à l'église et
« au saint autel, ce fouron infernal et larron de pudi-
« cité suscita lascivement l'esprit charnel d'un jeune
« muguet pour assaillir notre sainte. Elle était bien
« jeune, douce et simple ; lui plus âgé, vilain et ma-
« licieux, vrai tison d'enfer et suppôt du diable ;
« elle était de regard très belle et innocente, lui pou-
« pin et malin, comme un jeune poulain bondissant
« dans sa peau, et non pas encore dompté du mors
« et de l'éperon ; elle vivait comme une ouaille très
« humble ; lui bouffi d'orgueil parce qu'il avait quel-

« ques perfections, comme de savoir bien écrire,
« chanter la note.

« Il jeta les regards de sa convoitise vilaine sur
« la vierge sainte qui était riche de taille et ne pen-
« sait pas au mal pour sa sincère simplicité... Il
« hantait fort à la maison, y étant bien venu pour
« ses perfections et pour qu'on le jugeait meilleur
« qu'il n'était. Oh ! qu'il faut bien de la prudence
« pour se donner de garde de ces loups couverts de
« peau de brebis !

« Ce muguet prenant le titre de clerc, après avoir
« rôdé de tous côtés pour surprendre cette simple
« brebiette, si elle s'égarait ; fit tant, allant et
« venant, que pour l'envenimer à son aise, il crut
« pouvoir lui parler. Après plusieurs doux compli-
« ments, ce perfide lui dit : O la belle fille ! si vous
« vouliez acquiescer au bien que je vous veux, je
« vous enseignerais à fort bien écrire la lettre et à
« chanter plus mélodieusement qu'aucune de vos
« sœurs, qu'à comparaison de votre chant n'y enten-
« draient rien. Il lui dit ces paroles, et soudain
« quelqu'un arrive qui lui ferme la bouche.

« Une autre fois, ne pouvant lui parler, il lui
« envoya des lettres bien dorées, écrites à la romaine
« et nouvelle façon, avec des sonnets pour ses
« louanges : c'étaient tout autant de poulets pour la
« surprendre ; pauvre fillette qui ne pensait pas à la
« malice noire de ce vilain !... Elle ouit ces premières
« paroles ; elle reçut simplement ce paquet. Il pour-
« suit jusqu'à la troisième fois, pensant qu'il avait
« déjà quelque entrée ; et la trouvant seule, il lui
« déclara qu'il l'aimait et ne voulait que son bien.

« Elle donc ne portant point son esprit à l'ordure
« de ce vilain, mais par sa simplicité colombine,
« interprétant que tout procédait d'une amitié spiri-
« tuelle et sainte, lui répartit : vous dites que si
« ardemment me chérissez !... Oh ! que si en chan-
« geant votre habit mondain, vous preniez celui de
« la sainte religion, pour être régulier et vivre en
« un monastère, je vous chérirais davantage : faites
« cela et assurez-vous de mon affection.

« Ce muguet à demi damné, pensant déjà tenir sa
« proie, ne craint point de se présenter au monas-
« tère ; prend l'habit et demeure trois mois dans la
« maison sainte. Vrai loup caché sous la peau de
« brebis ; pour l'attraper, il allait et venait, parlait de
« temps en temps à la douce Asceline, lui décou-
« vrant petit à petit son cœur carnassier.

« Mais Dieu ne voulut pas permettre qu'il se jouât
« plus longtemps de la simplicité de notre sainte et
« la voulut rendre plus prudente. Comme ce faux
« moine était célé sous l'habit religieux, attendant
« l'occasion de faire son coup, un ange fut envoyé à
« cette pure vierge, sous la forme d'un pauvre lé-
« preux, qui lui découvrit les sales intentions de ce
« vilain : ma fille, lui dit-il, donnez-vous de garde de
« ce moine enfroqué depuis peu : il a pris l'habit de
« la sainte religion, mais il n'en a pas l'esprit : il
« rôde, ne tâchant que de vous abuser, et à vous ôter
« ce que jamais il ne pourra vous rendre ; c'est le
« diable qui par lui veut vous perdre, Vous êtes une
« fille bien simple ; il vous faut de la prudence. La
« simplicité est bonne avec les bons, mais avec les
« malins la prudence est nécessaire ; ne voyez-vous

« pas que son amour est vilain, et ses prétentions
« déshonnêtes ?

« Le lépreux ayant prononcé ces paroles, la pauvre
« fille en fut grandement troublée ; elle en fit le récit
« à sa mère et à ses sœurs. Soudain on chercha ce
« lépreux porteur de si bonnes admonitions, mais on
« ne le put trouver ; un chacun jugeant de là que ce
« n'était pas un ladre, mais un ange qui avait donné
« ces saints avis et découvert le pot aux roses de ce
« rufien. Enfin on résolut d'obéir à la voix angélique
« et de ne plus donner d'accès au muguet, qui se
« voyant refusé, s'en retourna au monde, et se défro-
« qua pour n'avoir pu attraper sa proie... ô dignes
« instructions pour les filles ajoute le bon Desguer-
« rois !

Jeunes filles de Boulancourt, prenez garde aux
muguets !... la race en subsiste encore. Soyez simples
et innocentes, mais soyez aussi prudentes et sages.

Asceline avait été éprouvée par la tentation ; et,
avec l'aide de Dieu, elle en avait triomphé : ce bon
maître la récompensa par des grâces extraordinaires.

Notre pauvre humanité est bien souvent, hélas !
abreuvée de tribulations ; notre esprit est environné
de ténèbres, notre cœur est tourmenté par mille cha-
grins. Des peines physiques et morales, des décep-
tions cruelles troublent notre existence. Cependant
Dieu dans sa souveraine bonté, illumine par sa grâce
notre horizon si sombre : il nous accorde parfois
pour nous réconforter une vue lointaine des gloires
du thabor : c'est ce qui arriva à notre chère sainte...
« Dieu l'a mist en sa plus grande et particulière

« communication, luy faisant voir et recevoir plu-
« s'eurs belles visions de ses bienheureux qui luy
« apparurent pour l'encourager à toujours mieux
« faire. »

Le chroniqueur a parsemé la vie d'Asceline d'un
grand nombre de faits merveilleux : il nous dit que,
toute jeune encore, se rendant avec sa mère à l'oratoire du bienheureux Gossuin pour y entendre la
messe et recevoir ses avis, elle trouva la porte fer-
mée. Asceline se mettant à genoux fit cette prière : ...
« Seigneur si vous me réputez digne d'être parmi les
« vierges, qui vous servent, et sont alliées à votre
« amour comme vos épouses, bien que je ne sois
« qu'une misérable pécheresse, je vous prie de me
« le témoigner, permettant que les portes fermées
« soient ouvertes pour y entrer et vous présenter
« notre oraison... alors elles s'ouvrirent... »

La légende nous dit que dans ces premières années
de leur séjour à Boulancourt, Asceline et sa mère
suivirent docilement les conseils de leur zélé et pru-
dent directeur qui leur apprit la façon de régler les
heures... « priant sept fois le jour : il leur apprit
« aussi à jeusner et vivre sobrement, souffrir, estre
« humbles, douces et se tenir clauses dans leurs
« petites celles : c'est là le fondement du monastère
« qui fut nommé autrefois le lieu des dames lés
« Boulancourt. Là notre jeune sainte s'estait cachée
« de la compagnie du monde, mais accompagnée des
« anges et de la grâce du créateur... Après de
« longues et puissantes inspirations du ciel, illu-
« minée de Dieu, elle prist des ciseaux, et voyant
« sa belle chevelure lui pendre jusqu'à la ceinture,

« la coupa de ses propres mains pour la présenter
« à Dieu en holocauste, et pour lui témoigner qu'à
« jamais elle luy demeurait dévouée servante... »

V

Saint Bernard a été l'un de ces hommes rares qui
ont eu sur leur siècle une influence souveraine : à sa
voix les multitudes s'agitaient ; elles s'enthousias-
maient pour les grandes œuvres de la foi. Au
12e siècle furent fondés, sous l'inspiration du saint
abbé, un grand nombre de monastères d'hommes et
de femmes de l'ordre de citeaux. Le couvent cistercien des religieuses de Poulangy, au diocèse de Langres, avait un renom de sainteté justement mérité.
Sainte Adeline, de la famille de l'abbé de Clairvaux,
était à la tête de ce monastère.

Notre Asceline désireuse de visiter l'abbesse de
Poulangy, qui était sans doute sa parente, (certains
disent qu'elle était sa tante) ; mais plus désireuse
encore de s'avancer dans la voie de la perfection à
une si bonne école, conçut le dessein d'aller habiter
ce couvent. Saint Bernard étant alors éloigné, elle ne
put prendre son avis ; mais elle s'adressa à ce bon
prêtre qui la dirigeait depuis plusieur années. Celui-
ci ne parut pas d'abord approuver ce projet. L'amour
du changement n'est point en effet un moyen de
sanctification ; c'est ordinairement le signe d'un
esprit instable et d'une imagination malade. Cependant le directeur d'Asceline, sachant que c'était une
bonne âme, qui n'était point poussée par une vaine
curiosité, lui permit de s'acheminer vers Poulangy.

Les religieuses du couvent de Boulancourt furent

fort affligées du départ de notre sainte ; mais elles
conservaient l'espoir de la revoir. Cette douce espé-
rance de se revoir, au moins au ciel, est la consolation des âmes chrétiennes, que les nécessités de la
vie, ou la mort elle-même, ont séparées pour un
temps.

La renommée de la ferveur d'Ascelino était déjà par-
venue à Poulangy avant son arrivée dans ce monastère, aussi y fut-elle accueillie avec joie.

Asceline durant son séjour à Poulangy se pénétra
de plus en plus des devoirs de la vie religieuse, et
édifia par sa piété les nonnes de ce monastère, elle
fut établie gardienne de l'église. Dieu l'assistait de
son esprit saint d'une manière merveilleuse et visi-
ble aux yeux : souvent quand elle descendait du
dortoir dans l'église, les sœurs qui la suivaient
aperçurent une colombe blanche qui semblait la conduire aux divins offices. Desguerrois nous dit qu'elle
avait aussi une grande puissance pour éteindre les
incendies et ôter au feu sa force destructive... « La
« prière du prophète Hélie est si ardente et puis-
« sante, qu'à sa seule parole, il fist tomber le feu du
« ciel pour brusler les holocaustes : la prière de
« sainte Asceline est si efficace qu'elle faict esteindre
« le feu furieux qui est eschappé d'une maison ; elle
« y accourant et opposant à l'incendie embrasé une
« croix qu'elle tenait... » Asceine à Poulangy
employait une recette que nous recommandons aux
jeunes filles qui aiment à se regarder et à s'admirer
dans leur miroir. Elle s'efforçait de ternir sa beauté
par les macérations et par l'usage de l'eau de cendres,

dont elle se lavait le visage. Elle se donnait quinze fois par jour la discipline, etc.

Après quelques temps de séjour à Poulangy, (ce temps, nous le pensons, ne dut pas être bien long) Asceline fut visitée par la mère de Dieu assistée de saint Jean-Baptiste qui lui dirent : « C'est assez « jusques icy d'avoir demeuré en cette maison, ma « fille ; c'est assez que vous avez servi à bon exemple « en ce lieu de Polergy, vous y avez profité pour « vous et pour les autres... mais pour que la première « vocation qu'embrassent et observent les serviteurs « de mon fils, luy est plus agréable, retournez en « votre première demeure et lieu des Dames lez Boul- « lancourt ; retournez là réjouir vos sœurs qui vous « attendent et désirent votre présence... »

Asceline obéit et regagna son petit couvent des bords de la Laine, où elle fut reçue avec bonheur.

Sur ces entrefaites (1153) saint Bernard, ce docteur de l'Eglise, ce restaurateur de la vie monastique, vint à mourir à l'âge de soixante-trois ans.

La mémoire de ce grand homme doit être chère aux habitants de Longeville, car c'est lui qui jadis a ranimé dans notre pays la foi languissante... Un joli vitrail placé au-dessus de l'autel de la sainte Vierge, dans l'église de cette paroisse, nous repré- sente l'image du saint qui semble dire encore avec amour à la reine du ciel, *ô clemens, ô pia, ô dulcis virgo Maria !...*

« ...En la même nuit que saint Bernard vint à « rendre à Dieu son âme, il apparut à sa parente et « fille spirituelle sainte Asceline, se présentant « devant elle entouré d'une grande lumière, et après

« luy avoir faict beaucoup d'instructions célestes, et
« l'avoir béni de sa main, il luy donna asseurance
« qu'estant nouvellement décédé, il s'en allait jouir
« de l'éternelle félicité : puis il se sépara d'elle et
« monta au ciel en figure d'une belle et lumineuse
« colombe. »

Asceline toute transportée de reconnaissance, d'amour et de regret, criait vers son père spirituel comme Elisée après son maître Elie. Mais la céleste apparition disparait... Asceline dut attendre plus de quarante ans, avant de rejoindre le père de son âme.

Saint Bernard laissa comme héritage à notre douce sainte le souvenir de ses vertus, qu'elle s'efforça d'imiter. Le bienheureux Gossuin nous dit des merveilles de sa piété et de sa mortification. Chaque jour elle récitait le psautier tout entier. Le vendredi, le samedi, le dimanche et les jours de fête à douze leçons, elle récitait deux psautiers, et trois cents salutations angéliques. Le samedi elle disait mille *Ave Maria*. Dans les fêtes de la sainte Vierge et leurs octaves, elle disait aussi mille salutations angéliques et sept fois le psautier de la sainte Vierge. Elle se donnait la discipline pendant la récitation de trente pseaumes. Elle manifesta souvent le désir de finir sa vie par le martyre.

Le bon Desguerrois ajoute sa note à ce concert de louanges... « Sainte Asceline était sévère à soy-même
« douce et bénigne à tout le monde, et telle, qu'à
« veuë d'œil, on jugeoit que le Saint-Esprit la gou-
« vernait. Sept fois le jour elle faisait quelque acte
« de pénitence, jusqu'à quatre-vingt punitions de ses

« coulpes pour le moins : son austérité puissante
« excédait la créance de ceux qui en entendaient
« parler, qui tous en estoient ravis d'admiration :
« toujours elle se voyait en mortification, non point
« triste mais serène et gaye : elle ne parlait que bien
« peu, néantmoins de Dieu et de ce qui le regardait,
« comme de ses commandements et de la manière do
« le bien servir : si elle mangeoit quelque chose pour
« sa nourriture, c'estait plus par grande nécessité
« qu'autrement. »

Parler beaucoup a toujours été un grand écueil
pour le salut : garder exactement le silence est un
des points essentiels du règlement de toute maison
religieuse... Asceline est en ce point, comme en beaucoup d'autres, un modèle à suivre. On raconte
qu'une certaine année, pendant l'avent, une grande
comtesse, fille d'un roi de France (1), avait honoré de
sa présence le monastère des religieuses de Boulancourt : notre sainte ne dit pas un seul mot à cette
grande Dame *propter rigorem silentii non est
locuta.*

Asceline n'était peut-être pas à cette époque prieure
du couvent ; car si elle avait été revêtue de cette
dignité, il nous semble, qu'il lui eut été difficile de
ne point parler à cette princesse. A propos de cette
charge de prieure, on dit qu'Asceline en exerçait les
fonctions dans le monastère des Dames de Boulancourt en 1184 ; tout nous porte à croire qu'elle était
déjà prieure bien longtemps avant cette dernière
date.

Ajoutons à l'endroit des vertus de notre sainte,

(1) Probablement Marie de France, qui avait épousé Henri-le-
Libéral, comte de Troyes.

qu'elle se regardait comme la plus petite parmi ses sœurs : elle avait cependant pour elle ce bon témoignage que Dieu était toujours présent à sa pensée (*nihil mihi boni sum conscia, excepto quod dominus semper in memoria habeo*... c'est ce qu'elle disait au bienheureux Gossuin). Témoignage suprême de l'amour divin !... que ne pouvons-nous nous le rendre à nous-mêmes !... Cette vie si régulière, si mortifiée, si unie à Dieu conduisit Asceline au sommet de la perfection (*pietatem ad fastigium usque sanctitatis perduxit* : dit de notre chère sainte la *gallia christiana*).

Le chrétien qui veut se sanctifier doit s'occuper non-seulement de lui-même, mais aussi du salut de ses frères. C'est ce que faisait Asceline. Elle donna de bons conseils à un religieux du monastère des Vallées qui était tenté de quitter son ordre sous prétexte d'entrer dans un autre plus parfait. La prieure de Boulancourt lui fit dire de ne point donner suite à son projet... « pour ce qu'elle avait veu un démon « qui lui suggerait à l'aureille ces tentations pour le « perdre du bien où il estoit sous ombre de mieux : « c'est pourquoi qu'il ne fut pas si mal advisé de « quitter sa couronne à une autre ; qu'il accomplist « les premières œuvres de religion qu'il avait si bien « encommancé. Ce que entendant ce moyne, et « cognoissant que ses pensées estoient découvertes « à sainte Asceline, bien qu'il n'en eust ouvert la « bouche à personne vivante, il s'asseura que l'esprit « de Dieu parlait par elle et demeura ferme en son « ordre. »

Notre héroïne vint encore à l'aide d'une religieuse du Valdone (osne-le-val)... « qui estoit assez bonne,

« mais non assez pieuse vers la sainte vierge Marie :
« cette pauvre fille estoit presque opprimée par le
« malin esprit. Le sieur de Joinville ayant sceu ce
« désastre et assuré qu'il n'y aurait remède que par
« les oraisons de sainte Asceline, l'envoya prier
« humblement de venir au lieu, pour donner secours
« à cette affligée. A son instante requête, et avec le
« congé de ses supérieurs, elle s'y achemina : où ar-
« rivée, trouva les grands assaults qu'elle endurait
« du malin esprit ; à laquelle la sainte ayant donné
« instruction d'estre grandement portée en dévotion
« vers la sainte Mère de Dieu ; et luy ayant appris à
« prononcer en grande ferveur d'esprit la saluta-
« tion angélique *Ave Maria*, quand cet ennemy du
« genre humain l'attaqueroit, elle le fist : il s'enfuit,
« elle en fut délivrée. »

Les 12e et 13e siècles ont été pour l'église catho-
liques une des plus belles époques de l'histoire ; cela
ne veut pas dire qu'elle n'avait point de luttes à soutenir. La lutte, le combat, sont les conditions nécessaires de la vie de l'humanité et de la vie de chaque
homme en particulier, cette existence tourmentée,
qui est pour nous parfois si pénible, nous donne l'occasion de montrer notre force, de ranimer notre éner-
gie, et d'acquérir quelque mérite, cette vie facile,
douce, tranquille, sans combats, qui est l'objet de nos
désirs et de nos rêves, serait peut-être pour nous
une cause de ruine : elle ferait tomber notre esprit
et notre cœur dans un état d'engourdissement et de
faiblesse déplorable, elle engendrerait la paresse,
la molesse, l'ennui et la mort intellectuelle et mo-
rale.

Au 12e siècle la foi chrétienne dominait il est vrai, tous les esprits ; mais l'Eglise avait cependant parfois de rudes assauts à soutenir.

Nous avons dit que la famille d'Asceline était une famille de saints ; en effet plusieurs de ses membres se consacrèrent à Dieu. Cependant nous trouvons dans le cartulaire de Boulancourt, deux actes de Godefroy évêque de Langres, qui nous apprennent, que Roger d'Orges et Bernard neveux de notre sainte étaient quelque peu pillards et rien moins que respectueux vis à-vis de l'Eglise. Ils furent excommuniés par l'évêque de Langres. Voici les deux pièces en question.

« Je Godefroy évêque de Langres fait à scavoir que
« frere Guy de Maizières s'estant donné luy et ses
« alleux à l'abbaye de Boulancourt Roger d'Orges et
« Bernard ses fils sy oppozerent et vinrent au point
« de se saizir du foin, du bled, du cens et du vin et
« des fruits des vergers et même les bœufs de l'ab-
« baye pour qoy nous les excomuniâmes, et donames
« jour pour examiner la chose qui fut adjugée au
« profit de Boulancourt dont furent témoins Guy et
« Gilbert moines de Clairvaux Girard et Huet frères
« Girard prévost de Chateau-Vilain Evrard chape-
« lain d'Ormoy ét Maines maire de Gevrolles l'an
« 1157.

« Je Godefroy évêque de Langres fait scavoir à
« Raoul abbé de Boulancourt et à ses successeurs
« que comme frere Guy de Maizières se fut donné luy
« et touts ses alleux à l'église de Boulancourt Roger
« d'Orges et Bernard ses fils ne se contentant pas
« de reprendre les fiefs se saizit aussy des alleux le

« foin le bled et la dixme le cens le vin jusqu'aux
« bœufs de l'abbaye, violence pour laquelle je les
« excommuniay, à la fin je leur donnay jour pour
« s'expliquer, et la difficulté se tourna à l'avantage
« de Boulancourt qui rentra dans touts ses biens à
« Valentigny de qoy furent témoins Guy moine de
« Clairvaux Girard et Huet de Roüvre, Girard prevost
« de Chateau-Villain, le chapelain d'Ormoy le maire
« de Gevrolles en l'an 1157. »

Les années 1157 et 1158 furent pour Boulancourt
des années d'épreuve. Le mode expéditif de se rendre
justice à eux-mêmes, employé par les neveux d'Asceline, en était-il la seule cause ?... Le comte de
Champagne, et le bon Henri de Carinthie, évêque de
Troyes, qui affectionnait beaucoup l'abbaye de Boulancourt, où il voulut avoir sa sépulture, vinrent
en aide aux malheureux religieux, et sans doute
aussi aux pauvres converses du couvent des Dames.
Citons, entre autres, deux chartes qui le constatent.

« Ego henricus G. D. T^{sis} Eps Radulpho venera-
« bili Abbati Bullencuriæ et ejus successoribus in
« perpetuum. Miserior super Ecclesia de Bullin-
« curia miserabiliter dipersa et desolata, et libenti
« animo subvenio fratribus qui ibidem deo servierint
« in tantarum tolerantia passionum. Memor igitur
« animæ meæ, et animæ patris mei et in dicta
« ecclesia juxta majus altare meam sepulturam
« elegi, idsirco prædictæ Ecclesiæ concedo in Ele-
« mozinam censum octo solidarum anno quolibet
« accipiendum et percipiendum supra curam et jus
« curati de Remigio St Martini etc... » Le prélat
entre dans quelques détails au sujet de cette fonda-

tion... Il donne encore à Boulancourt *octo solidos* à prendre sur la cure de *Raneia... anno ab incarnatione Domini 1158.*

« Je Henry de Troyes comte palatin fait à scavoir
« a Raoul abbé de Boullancourt et à ses frères que
« la commizeration que jay eü pour votre maison
« qui estoit dans la mizere et dezerte, pour le repos
« de mon ame je vous ay accordé mon domaine que
« tenoient Miles de Maizieres et Gautier de Valenti-
« gny aux bordes, en bois en terres en cens, et en
« touts émolumens. De ce sont témoins Jeoffroy de
« Joinville, Gaucher et Fromond moines de Clair-
« vaux l'an de grâce 1158 à Bar-sur-Aube. »

Les épreuves dont nous venons de parler, et qui affligèrent beaucoup notre chère sainte, ne durèrent pas. La fin du 12e siècle et le 13e siècle tout entier, furent pour Boulancourt une époque de prospérité. Il semble même que les neveux d'Asceline, touchés par les exemples de leur famille, si dévouée à Dieu, revinrent à de meilleurs sentiments et expièrent leurs violences et leurs égarements.

Parmi ces barons du moyen âge il y avait souvent de fâcheux désordres, la violence des passions débordait parfois ; mais les enseignements de la foi avaient une grande puissance sur les âmes et dans les moments les plus critiques on pouvait toujours conserver espoir de retour et de conversion.

VI

Parmi les amis du Divin Maître, il en est dont la vie sur la terre se passe dans l'obscurité la plus complète : la sainteté de ces humbles serviteurs est connue de Dieu seul. Il en est d'autres que la Providence place sur le chandelier d'honneur : la lumière de leurs vertus éclaire le monde, et leur réputation s'étend au loin. Sainte Asceline, d'après le récit de Desguerrois, mériterait de prendre place parmi les thaumaturges du 12ᵉ siècle, à côté de St Bernard.

Déjà, dans plusieurs circonstances, Dieu avait manifesté sa puissance dans notre pays, par l'intercession de sa fidèle Asceline. Notre Sainte dut se rendre jusque dans l'Allemagne du nord pour être l'instrument de la divine Providence. Voici le fait... « Dans
« Cologne, ville impériale, une femme d'assez bon
« lieu et honeste maison fut cruellement possédée
« d'un esprit infernal, qui se plaisant à la tourmen-
« ter (comme c'est son contentement de nuire aux
« hommes), tantost la torturait aux bras, tantost la
« faisait bramer, ores luy roulait la langue et les
« yeux, ores lui tournoit la teste d'une façon espou-
« vantable. Signamment il faisait sa retraite dans la
« jambe de la pauvrette, qui ne pouvant plus souf-
« frir un si cruel boureau, s'en pleignit à son archc-
« vêque, lequel ayant compassion d'une telle misère,
« fist jeusne sur jeusne, prieres sur prieres, avec
« aumosnes, et se résolut d'assaillir par conjuration
« ce malin tyran qui tenoit bon là dedans comme en
« son fort, il l'exorcisa deux et trois fois, il le presse
« maisen vain, car le malin dit qu'il n'en sortira
« point : adjoutera-t'on foy à un si asseuré men-
« teur... ? Enfin par la force des exorcismes et la pré-
« sence du Sainct-Sacrement il est contraint de dire
« la vérité des choses qui regardent la gloire de Dieu,

« lors il protesta que jamais ne vuideroit de ce lieu,
« que par le commandement d'une religieuse cham-
« penoise, du diocèse de Troyes, nommée Asceline,
« qui estant demeurée vierge, non jamais polluë de
« délectation charnelle, seroit la plus forte à le faire
« vuider, car le grand roy et juge l'avoit ordonné
« ainsi. Quinze ans desia s'escoulloient que la pau-
« vrette souffroit un si mauvais hoste : bien qu'au-
« cune fois tourmenté de quelques bonnes servantes
« de Dieu, qui s'affligeoient a pénitence pour impe-
« trer son exil, ce malin vexoit toujours la pauvre
« femme... »

L'archevêque de Cologne ne pouvant plus souffrir
ce barbare esprit, supplia sainte Asceline et ses supérieurs, entre autres l'évêque de Troyes, d'avoir
compassion d'une si grande misère et de condescen-
dre aux desseins de la Providence. Des messagers
venus de l'Allemagne étant arrivés à Troyes se diri-
gèrent, avec la permission de l'évêque, vers le couvent des Dames lez Boullancourt : Asceline d'après
les ordres de ses supérieurs les suivit dans leur
pays... « Elle s'y porta plus par obeïssance que pour
« estre cognuë, plus pour prier pour l'affligée qu'en
« l'intention de chasser ce malin, car elle ne s'esti-
« moit pas de si grand mérite : où arrivée, il n'est
« pas possible de dire avec quel honneur et joye elle
« fut veuë et receuë de ce bon archevesque qui se
« confiant en Dieu luy fist voir la patiante possédée :
« ô quels grincemens de dents contre elle de cet
« infernal boureau quand il la vit ! O quels tourmens
« il fist endurer à la pauvre femme, neantmoins
« après que la sainte eut prié et jeusné, frappant de

« quelques singlons de verges la partie où le malin
« se retiroit, ce boureau des enfers sorty avec horri-
« ble espouvante des assistans. »

L'archevêque de Cologne, heureux de cet événe-
ment, voulait témoigner sa reconnaissance à sainte
Asceline ; mais celle-ci n'accepta que des reliques des
onze mille vierges compagnes de sainte Ursule, et les
apporta en son abbaye du lieu des Dames.

On raconte aussi qu'un religieux prémontré fut
guéri en touchant le voile de notre sainte.

Citons encore, entre plusieurs autres merveilles,
un fait qui témoigne de la foi et de la rectitude de
jugement de la vierge de Boulancourt. « ... Au mo-
« nastère de Lacey (*in cenobio Lacensi*) assis dans
« le diocèse de Treves estoit un bras de sainct Hie-
« rosme docteur de l'Eglise, mais d'autant que le
« procès-verbal du transport et l'inscription antique
« qui déclaroit cela, estoient perduz, les religieux
« doutoient si cestoit de saint Hierosme : pour en
« estre mieux esclaircis avec grande foy en Dieu et
« asseurance sur les miracles de sainte Asceline, ils
« la vinrent trouver et luy presenterent ces saintes
« reliques, disans bien que par tradition ils tenoient
« que c'estoit de sainct Hierosme, ils la supplioient
« neantmoins qu'elle, à qui Dieu faisoit tant de
« graces, les affermist en leur creance : la vierge
« leurs dit qu'ils devoient garder la tradition qui
« estoit bonne et qu'elle suffisoit, toutefois pour les
« contenter prenant ces reliques fist prieres à Dieu
« en cette sorte : Seigneur vous estes le Dieu de
« vérité, et la vérité mesmo qui ne voulez et pouvez
« tromper vos fidelles, exaucez nos humbles orai-

« sons que nous faisons non point par curiosité,
« mais pour conserver la vérité des choses sainctes,
« et l'honneur deub à vos amis bienheureux, si ces
« reliques que je tiens sont de sainct Hierosme doc-
« teur de l'Eglise, faites par vostre bonté maintenant
« que je les appose sur cette femme malade (or il y
« en avait la une bien infirme) qu'elle soit guérie : à
« cette oraison finie, les reliques estans apposées sur
« elle, la malade se vit au mesme moment en santé,
« et la vérité dez reliques sainctes fut manifestée,
« estant aussi facie à Dieu d'accomplir ce beau mi-
« racle que de guérir des malades de l'ombre de
« sainct Pierre.., »

Dans le paragraphe précédent nous avons dit que
certains membres de la famille d'Asceline s'étaient
insurgés contre l'abbaye de Boulancourt. Ils parais-
sent être revenus à résipiscence : voici deux autres
extraits du cartulaire qui semblent le prouver : « Je
« Wautier (Gauthier) evesque de Langres, fait à
« scavoir que Roger et Bernard son fils (ou peut être
« plutôt son frère) d'Orges du consentement de Da-
« merons son épouse et de ses enfants Jobert, Roger
« et Huon se sont desistés de la difficulté qu'ils fai-
« saient à Boulencourt touchant les Alleux de frère
« Wiard consistents en hommes et autre revenus qui
« resteront à Boulencourt, que si elle (l'abbaye ou
« l'église) sen défaisoit le dit Bernard en aura la pre-
« ference elle se desista en faveur du dit Bernard
« d'une portion de vigne à Espagne (Epagne) qu'a-
« vait tenue Herbert Bergier, et en celle d'Orry de
« l'Isle. Ladite église en payera le cens. De ce sont té-
« moins Pierre doyen de Bar... »

« Je Henry evesque de Troyes, fait à sca-
« voir à touts que Roger et Bernard son fils (ou
« plutôt son frère) d'Orges du consentement de Da-
« merons épouse de Bernard et ses fils Jobert, Ro-
« ger et Huon ont terminé la difficulté qu'ils avoient
« entre la maison de Boulencourt touchant les Al-
« leux que frere Wiard (peut être autre nom, ou mo-
« dification du nom de Guy de Maizières leur père)
« donna à cette Eglise, en hommes et touts autres
« revenus ; et en échange on leur accorda la portion
« de vigne à Espagne qu'avoit tenue Herbert Bergier,
« et ce qu'elle avoit en celle de Orry de l'Isle, de ce
« furent témoins Gérard l'archidiacre, Rajouz le cha-
« noine notre couzin, Guillaume et Roger... »

Nous avons vu Asceline, dès ses premiers ans, favorisée de communications surnaturelles, de visions
célestes. Ces rapports surhumains, manifestés par
des faits extraordinaires, se renouvellèrent à différentes époques de sa vie... « Elle fut en la nuit d'un
« dimanche transportée en extase, et menée par un
« ange en la présence de Dieu pour voir les choses
« admirables du paradis et espouvantables de l'enfer :
« Parmy les divers chœurs des bienheureux qui
« jouissent de la vie éternelle en l'Eglise triom-
« phante, elle vit en esprit les unze milles vierges y
« briller d'une gloire ineffable, y ayant à chaque
« millenaire une d'icelles comme la princesse qui
« conduisoit son heureux escadron vers la Sainte
« Mère de Dieu, afin d'impetrer quelque grace d'elle
« pour leurs devots qui les priaient, et que chacune
« de ces pures vierges portant la vue et le doigt vers
« sainte Asceline, la monstroit à ces compagnes comme

« celle qui devoit estre de leur association en la
« vie esternelle. Elle vit un nombre innombrable
« d'âmes saintes s'approcher de la vierge Marie pour
« l'interpeller comme mère de miséricorde, de faire
« quelque bénédiction à leurs chéris qui invoquoient
« leurs noms. C'est pourquoy elle Reine de clémence
« prenant à sa suitte quelques anges, aucuns des
« saincts et quelques-unes des vierges, et mesme
« sainte Asceline presante, se transporta ès lieux
« souterrains de l'enfer (au purgatoire) où sont les
« âmes en justice de Dieu, d'où en ayant tiré plu-
« sieurs pour qui on avoit prié, et délivré de ces
« lieux épouvantables pour les mettre en rafaichisse-
« ment, s'en retourna vers son fils Jesus-Christ, dans
« le siège de sa gloire, suivie de toute la bienheureuse
« compagnie, mais cependant cette souveraine vierge
« laissant Asceline dans ces lieux, la donna en soin
« à son ange gardien pour la conduire et luy faire
« voir les peines de l'enfer, qui ayant passé dans
« ces horribles prisons, y apperceu des estranges
« supplices... »

Desguerrois, en chroniqueur fidèle, je suppose,
fait ici la description des damnés. Il termine en don-
nant un échantillon des tourments endurés par les
orgueilleux, les gourmands, les libidineux, etc.

« ...Elle (sainte Asceline) vit là d'autres nouveaux
« esprits cruels, qui tantost dans le feu, tantost dans
« les neiges et glaces plongeoient des âmes superbes,
« d'autres qui comme Javelots ardans passoient par
« la honte des paillards : d'autres qui traversoient le
« corps des cholerez, ceux-cy qui rongoient le cœur
« des envieux, ceux là qui faisoient avaler du souffre

« et des crapaux aux gourmands, d'autres qui fai-
« soient dormir les paresseux sur les tignes et vers :
« sont là les visions horribles que sainte Asceline
« vit, supplices si épouvantables qu'estant hors de son
« extase les récitant à d'autres, les larmes grosses
« luy en tombaient des yeux, les sanglots lui en
« monto'ent du cœur et les soupirs luy en sortoient
« de la bouche. »

Notre sainte eut encore plusieurs extases et ravissements. Elle vit à deux reprises les onze mille
vierges et sainte Ursule faisant une glorieuse pro-
cession et chantant les louanges de Jésus-Christ leur
époux.

Asceline avait reçu à Cologne des reliques de ces
vierges martyres ; elle eut toujours pour elles la plus
grande vénération. La prieure de Boulancourt rendait
encore un culte pieux aux restes de plusieurs autres
saints personnages.

Le culte des reliques, le respect affectueux pour ce
qui rappelle le souvenir des personnes aimées ,admi-
rées ou vénérées, est un des ressorts du cœur humain,
o: l'un des plus nobles sentim nts de l'homme. Au
moyen âge, ce culte des reliques, au moins pour ce
qui regarde les restes des héros chrétiens, était une
véritable passion poussée quelquefois un peu loin.
On rencontrait à l'église des dames de Boulancourt
les ossements de plusieurs saints. Ces crânes dessé-
chés avaient été ceints jadis de la couronne des
vierges, la hache des persécuteurs leur avait donné
l'auréole du martyre ; et à la résurrection dernière ils
resplendiront de la gloire des élus de Dieu. « .. Tous
« ces chefs et reliques estoient les douces délices,

« les suavitez et les plus grands contentemens de
« sainte Asceline, qui ne respiroit autre chose
« que les voir, les tenir, les baiser, les honorer et
« Dieu en elles... »

Asceline gouverna longtemps l'abbaye des Dames
de Boulancourt comme mère prieure... « en suavité
« d'esprit, de sorte qu'elle estoit chérie grandement
« de ses religieuses, qui déjà lui donnaient le nom
« de sainte... »

Elle fut pour ses bonnes filles un modèle de toutes
les vertus, elle était toujours en prières ; lors
même que ses fonctions l'obligeaient de s'occuper
d'affaires séculières, son esprit était uni à Dieu.
Notre héroïne passait une grande partie des nuits
aux pieds des autels vénérant les reliques des saints,
et s'unissant par les ravissements de son âme à son
Jésus caché sous les espèces eucharistiques. Elle se
livrait à de grandes mortifications comme nous l'avons
déjà dit, ses abstinences et ses jeûnes étaient presque
continuels. Enfin Asceline était... « un bon exem-
« plaire de sainte vie, tellement qu'en sa simplicité
« elle paraissait un enfant sans malice, en son obser-
« vation régulière une exacte nonain, et en sa virgi-
« nité un pur ange... »

VII

Dans le cartulaire de Boulancourt, quelques lignes
seulement se rapportent directement au couvent des
Dames. Cela veut-il dire que cette maison n'avait pas
grande importance ?... c'est possible. Mais peut-être
aussi que le monastère des femmes étant sous la

direction des moines de la grande abbaye, les inté-
rêts des deux maisons étant les mêmes, la
prospérité de l'une serait l'indice du bon état de
l'autre.

A la fin du douzième siècle nos deux monastères
étaient dans un état des plus satisfaisants. Nous pour-
rions citer de nombreuses pièces du cartulaire qui le
prouvent : citons seulement une charte du comte
de Brienne de 1194 et une bulle du pape Innocent III
de 1198.

« Au nom de Sainte-Trinité Je Gauthier comte de
« Brienne du consentement de Guillaume et de Jean
« mes frères j'ay cédé à l'église de Boulancourt la
« ferme de Taillebois de la même façon que celle
« (l'église, l'abbaye) de Beaulieu la tenoit (1) leur ay
« aussy accordé leur usage de pastures comme
« l'avaient les dits de Beaulieu ; leur promettant
« ma garantie. En présence de f. Jean de Poissesse ;
« de Geoffroy sire de Joinville, de Geoffroy le maré-
« chal de Champagne, l'an 1194. Ainsi soit-il. »

Dans cette charte de 1194, il est question de Jean de
Brienne, personnage qui joua un rôle important au
commencement du 13e siècle. Il fut roi de Jérusalem,
empereur de Constantinople, etc., c'était un des plus
rudes condottières de cette époque.

« Innocent évêque à Léon abbé de Boulancourt et
« à ses frères. Comme il est de notre devoir de mé-
« nager ceux qui embrassent la voie du salut : nous
« vous confirmons la possession de touts les biens

---

(1) Les moines de Beaulieu avaient emprunté, pour payer leurs
dettes, une somme importante à l'abbaye de Boulancourt, et pour
se libérer avaient cédé la ferme de Taillebois.

« qui vous ont été donnez : que nous avons icy expri-
« mé : premièrement le lieu ou existe le monastère
« de Boulancourt avec touttes ses dépendances, la
« neüve grange sous Morancourt, la grange de froide
« fontaine, la grange d'Arlette, la grange de Berville,
« la grange Séche, de Derf, la grange de Perthe, la
« grange de Perthe-Aidmont, la grange de Perthe-en-
« Rothiere, les forges. forets, les biens situez à Was-
« sy, à Valentigny, Louze, Ville, Hempigny (1).
« L'exemption des dixmes de toutes vos terres. Nous
« deffendons aussy à tous supérieurs de retirer chez
« eux vos religieux après leur profession faitte ; nous
« deffendons aussy à tous Evêques et autres supé-
« rieurs de vouloir s'arroger l'auctorité dans vos cha-
« pelles ou églises ; même sous prétexte d'y célébrer
« le s ordres, que du consentement de vostre abbé.
« En vous soustrairent absolument à l'auctorité Epis-
« copale qui ne pouront lancer contre vous aucune
« sentence d'excommunication, n'y d'interdit, donné
« à Rome à St-Pierre le cinq des ides de May, l'an
« 1198 la première de son pontificat. »

Innocent II', l'un des plus illustres parmi les pontifes de Rome, s'occupa, comme nous venons de le
voir, dès les premiers jours de son règne, des religieux de Boulancourt. Ce dut être une consolation
pour ces pauvres moines, qui depuis trois ans
déjà avaient perdu le trésor le plus précieux de toute
la contrée, un lys de pureté, un modèle de charité,

(1) Il n'est pas question dans cette bulle de la ferme de Taillebois. Il y avait entre les moines de Boulancourt et ceux de Bau
lieu quelques difficultés au sujet de cette propriété : mais les
affaires s'étant arrangées, Innocent apostole de Rome confirma
la possession de Taillebois à l'abbaye de Boulancourt, le 5 janvier
l'an 1206.

un exemplaire des plus belles vertus, notre douce Asceline.

La prieure du couvent des dames, par une révéla-
tion divine, connut un an avant sa mort l'époque de son
trépas. Bien loin d'être attristée à l'approche de son
dernier jour «... elle estoit toute ravie d'aise qu'il luy
« falloit quitter la terre pour aller au ciel. On la
« voyoit joyeuse ; et ses sœurs luy demandans d'ou
« venoit ce contentement et grande liesse intérieure
« qui esclatoit mesme en l'extérieur, elle leur fit
« responce : qui ne seroit bien aise d'aller à Dieu ?
« qui ne seroit joyeux de quitter les miseres pour
« joüir des bonheurs éternels ? Posséder Dieu c'est le
« vray contentement. »

Asceline rendit son âme à Dieu le vendredi après la
Pentecôte, 18 mai 1195, « regrettée de toutes ses reli-
« gieuses qui l'aymoient tendrement comme leur
« bonne prieure et sainte mère, pleurée de tous les
« religieux de Boullancourt qui perdoient en elle
« non seulement une parente de saint Bernard, mais
« plustost un autre saint Bernard, car elle estoit un
« asseuré soutien de leur piété, et de plus lamentée
« des voisins qui la recognoissoient comme un oracle
« de soulas en leurs afflictions, qui accoururent à ses
« funérailles en grande devotion et celebre convoy.
« Telle est la vie de sainte Asceline, en plusieurs
« choses imitable, et en autres admirable : d'autant
« que nous pouvons imiter sa virginité, sa simpli-
« cité, ses oraisons, ses jeusnes, ses pénitences, et
« sa grande obéissance dans la conduite de Dieu,
« qui nous est donnée : comme d'autre part admirer
« ses visions terribles et douces, agréables et

« effroyables qu'elle eut, avec ses apparitions de
« la vierge mère de Dieu et des autres saincts et
« sainctes... »

Faisons comme le bon Desguerrois : admirons cette
charmante sainte, notre bien aimée patronne ; et surtout imitons-la.

VIII

Le renom de sainteté qui avait accompagné Asceline pendant sa vie, ne lui fit pas défaut après sa
mort. Nous ne savons pas si l'Eglise procéda à des
informations, comme elle fait maintenant, pour cons-
tater les vertus de notre héroïne, mais ce qui est certain, c'est qu'Asceline est honorée comme sainte, de
temps immémorial, dans la paroisse de Longeville et
dans tous les environs.

La maxime *Vox populi vox Dei*, dont on a abusé si
souvent, peut s'appliquer ici en toute sureté : nous
verrons tout à l'heure que les souverains pontifes
ont approuvé le culte rendu à notre sainte. Ce culte
du reste est justifié par des faits extraordinaires, par
des miracles : n'en citons qu'un seul en suivant la
narration de Desguerrois.

« ...Auparavant l'an 1534, sous François premier
« du nom roy de France, et Paul III pape, Dom
« Nicolas de Hampigny premier abbé mitré de Boul-
« lancourt, fist reparer et orner le sépulchre de la
« saincte, avec toute son histoire qu'il fist accommo-
« der en belle peinture sur les armoires de bois qui
« le couvrent et l'entourent, où il y a ce miracle en
« ces mots : cinquante ans en ça, Nicolle fille de
« Grand Jean Bossu demeurant à Boullancourt fut
« possédée au corps et grandement tourmentée du dia-

« ble, mais incontinent qu'elle fut mise et appliquée,
« avec beaucoup de peines, sur le tombeau de sainte
« Asceline, le diable la quitta et fut remise en sa
« santé. »

Le couvent des Dames, que dirigea sainte Asceline
ne subsiste plus depuis longtemps : citons encore
Desguerrois à ce sujet.

« ...Bien du temps, depuis le trespas de sainte
« Asceline (et ne sçait-on quand) l'église et le lieu
« des Dames où estoient ces bonnes religieuses fut
« ruiné par les guerres , et icelles transportées autre
« part, y a resté seulement une petite chapelle, et les
« corps de sainte Asceline et de sainte Emeline avec
« celui du bienheureux Gossuin (qui a escrit sa vie)
« religieux de Boullancourt furent mis en un tom-
« beau de pierre proche du grand autel de l'abbaye
« de Boullancourt à la main gauche, et furent bien
« réparez de couverture de bois en forme de grande
« armoire peinte et portant l'histoire de la sainte, en
« l'an 1534 par la diligence et pieté de F. Nicolas de
« Hampigny abbé de ce lieu, sur ce tombeau sont ces
« paroles : *In hoc sarcophago altari consecrato re-*
« *condita sunt ossa S. Gossuini, S. Emelinæ et S.*
« *Ascelinæ cognatæ B. Bernardi primi clarevallis*
« *abbatis...* puisque ces os sont dessous un autel,
« il faut bien dire que ça esté quelque evesque qui
« l'a faict ou permis ainsi... »

Le bon Desguerrois ne pêche pas, en général, par
excès de clarté ; mais il me semble que nous pouvons
conclure, de ce qu'il dit là, et de ce que nous avons
vu dans le cartulaire au sujet de la lampe allumée
devant le tombeau de sœur Emeline, que les trois

personnages dont parle Desguerrois avaient d'abord eu leur sépulture au couvent des Dames : plus tard après la destruction de ce monastère, leurs ossements auraient été transférés à la grande église du couvent des hommes.

Le chroniqueur que nous citons, ignorait la date de la ruine de la maison, dont Asceline avait été prieure. Nous avons quelques données qui nous indiquent, sinon l'année précise, au moins l'époque à peu près certaine de la disparition de ce monastère.

Le 13e siècle a été l'une des époques les plus florissantes de notre histoire ; mais il n'en point été ainsi de la plus grande partie des 14e et 15e siècles. Notre malheureux pays s'était appauvri et dépeuplé à la suite des guerres civiles et étrangères. Les couvents de Boulancourt souffrirent beaucoup de cet état déplorable : les moines n'ayant plus de quoi vivre, n'ayant même plus de grains pour ensemencer leurs terres, furent obligés d'avoir recours à l'abbaye de Montier-en-Der pour ne pas mourir de faim. Le couvent des Dames était sans doute dans la même position que la grande abbaye, et peut-être dans un état plus triste encore. Ce qu'il y a de certain, c'est que ce monastère disparut à la fin du 15e siècle, ou au commencement du 16e. Une charte de l'abbé Nicolas de Hampigny, datée de 1535, et dont l'original sur parchemin existe dans les archives de l'église de Montier-en-Der cite les noms de deux anciennes religieuses du couvent du lieu des Dames, alors retirées dans un monastère de Vitry, l'une, Anthoneta (Antoinette) en était abbesse, et l'autre, Nicola (Nicole) y était religieuse.

Nous avons déjà parlé plusieurs fois de l'abbé Nicolas, (Nicole Picard), de Hampigny, qui habita, ou
gouverna l'abbaye de Boulancourt pendant la première moitié du 16e siècle. Il essaya de rendre au
monastère cistercien son ancienne prospérité, et il y
réussit en partie ; mais **non sans luttes.** Le frère Nicolas honora d'une façon toute particulière les reliques des saints qui avaient été autrefois affiliés à la
vieille abbaye : c'était un dévot à sainte Asceline,
qui, nous dit-il lui-même, était toujours illustre par
ses miracles (miraculis choruscans), et à laquelle il
fit ériger une chapelle pour tenir lieu de l'ancienne
église du couvent des Dames, détruite par le mal-
heur des temps. L'abbé Nicolas se distingua par la
translation des reliques de sainte Asceline, qu'il n'é-
tait plus convenable de laisser comme abandonnées,
au milieu des ruines du couvent des Dames. Les
restes du bienheureux Gossuin et de la bienheureuse
Emeline furent-ils aussi alors transportés à l'église
de la grande abbaye ?... cela nous semble probable.
En tous cas ces saintes reliques furent placées dans
un tombeau commun, dont Claude Guitton, prieur
de Clairvaux et visiteur des couvents cisterciens
faisait ainsi la description en 1744. « Le tombeau de
« sainte Asceline est son autel, dit Claude Guitton.
« J'y ai vu célébrer la messe. On ne fait plus l'office
« de la sainte, mais bien la fête. Ce tombeau est
« placé du côté de l'évangile, sous l'arceau de la
« basse voûte. Le rétable regarde le septentrion et le
« derrière regarde le maître-autel. Au-devant de ce
« tombeau-autel, tout en peinture, le moine Gossuin,

« Emeline et Asceline avec rayons de gloire, en ha-
« bits blancs et noirs. Asceline, de la droite, tient
« une grande palme, sur la gauche un livre ouvert;
« Gossuin a la couronne monacale entière, ronde ;
« Emeline, sur sa main droite, porte ensemble com-
« me une couronne ou une roue. Ce devant d'autel
« est en colonnes et petites arcades de pierre, à cha-
« que bout est point un religieux abbé et un religieux
« à genoux. Derrière le rétable, qui est de bois, est
« représenté en peinture Notre Seigneur ayant sous
« ses pieds une boule surmontée d'une croix, éten-
« dant les mains. Deux anges à côté sonnant de la
« trompette. Au côté gauche un abbé à genoux, plu-
« sieurs têtes sortant de terre. Au haut de cette
« peinture est écrit : *in hoc sarcophago, etc.* (comme
nous le disons plus haut. On lit au bas de l'inscription la date de 1533)... « tout au bas, sur une
« planche, est représenté le dit Gossuin, couché,
« vêtu de coulle blanche, les mains et les manches
« croisées, étroites et passant les genoux seulement.
« Le chaperon n'est ouvert que pour découvrir bien
« serrément et étroitement le visage. Autour de la
« tête on lit : *Ego sum vermis et non homo.* Entre
« le rétable et ladite planche on voit l'autre face du
« tombeau représentant la même chose que la pre-
« mière. La peinture du rétable au regard du célé-
« brant est la circoncision... »

L'abbé Nicolas de Hampigny, l'admirateur de
sainte Asceline et le restaurateur de l'abbaye de Boulancourt, reçut pour récompense de son zèle certains
privilèges mentionnés dans la bulle suivante, du
pape Paul III :

« Paul, évêque, serviteur des serviteurs de Dieu,
« au cher fils Nicolas de Hampigny, abbé de Bou-
« lancourt. Par reconnaissance de la dévotion et du
« respect que vous avez pour l'Eglise Romaine nous
« vous accordons l'usage de la mitre et des habits
« pontificaux dans votre église et dans touttes celles
« qui sont soubmises à votre monastère, d'y donner
« la bénédiction au peuple, la tonsure et les quatre
« mineurs à vos religieux, et d'y faire touttes les
« benedictions d'ornements et même de cimetiere
« interdit, et nous accordons les mêmes grâces à vos
« successeurs. Donné à Rome à Saint-Marc, l'an 1535
« le 12 des calendes d'août et le premier de notre pon-
« tificat. »

L'abbaye de Boulancourt ne jouissait plus de la
prospérité des anciens temps, cependant elle se sou-
tenait toujours, malgré des tribulations de toute
sorte. En 1616, elle devint la proie des abbés com-
mandataires.

Pendant près d'un siècle elle fut comme un fief de
la famille de Choiseul du Plessis-Praslin.

En 1670 François Malet de Graville de Drubec, fils
de Jean Malet et de Madeleine de Choiseul était abbé
commandataire de notre monastère. Nous trouvons
dans le cartulaire une pièce, qui, à cette époque, nous
rappelle le culte de sainte Asceline et atteste qu'il a
été approuvé par le Saint-Siège ; voici ce que nous y
lisons : « Bulle enregistrée à l'évêché (de Troyes)
« pour la fête de sainte Asceline... Universis fideli-
« bus salutem... pour faciliter le salut des fidèles
« nous accordons à touts ceux qui visiteront la ditte
« chapelle après s'être confessé et communié indul-

« gence plénière. Donné à Rome le 20 may 1670,
« confirmée à Troyes le 6 may 1671. Signé : S. Jac-
« quot.

Nous lisons encore dans le cartulaire à la date de
1700 : « Bulle pour la chapelle de sainte Asceline...
« une feuille en parchemin du 24 juillet 1700.....
« Universis Christi fidelibus... Innocent XII donne
« des indulgences à la chapelle de sainte Asceline...
« Donné à Rome à Sainte-Marie Majeure sous le scel
« de l'anneau du pêcheur, le 24 juillet 1700, la 10e do
« son pontificat. Cette copie est signée de J. F., car-
« dinal d'Albe... avec permission de M. Vinot, grand
« vicaire de Troyes, de les annoncer dans les églises,
« le 19 octobre 1700. Signé Vinot... La signature de
« deux expéditionnaires en cour de Rome qui certi-
« fient son authenticité, le 24 septembre 1700. Signé :
« Chaberet et de Museret. » (Ces deux dernières si-
gnatures ne sont pas très lisibles dans le cartulaire).

La chapelle de sainte Asceline, dont il est question dans les bulles que nous venons de citer, n'é-
tait pas située sur l'emplacement de l'ancien couvent
des Dames ; elle en était distante de quatre ou cinq
cents mètres, dans la direction de le grande abbaye.
Auprès de cet édifice se trouve une fontaine dont les
populations d'alentour venaient, et viennent encore,
boire l'eau salutaire, à laquelle se rattache lo souvenir de notre sainte. Cette chapelle était, avant 1793,
un but de pélerinage, qui fut interrompu par la tem-
pête révolutionnaire : le petit oratoire lui même fut
détruit, aussi bien que le grand couvent de Boulancourt. Ce dernier avait été reconstruit, en grande

partie à la moderne ; mais l'église, le sanctuaire surtout, en style ogival du commencement du 13ᵉ siècle, était d'une architecture remarquable. De l'antique couvent cistercien, il ne reste plus que l'abbatiale (maison de l'abbé) reconstruite vers 1725.

En 1820, Claude-François Jannot-Moncey, frère du maréchal Moncey, colonel de gendarmerie, officier de la Légion d'honneur et chevalier de St-Louis, habitait Boulancourt : il eut l'heureuse pensée de rétablir la chapelle de sainte Asceline, dont le souvenir était toujours vivant dans l'esprit du peuple.

Le rétablissement de cette chapelle fut approuvé par l'autorité diocésaine de Dijon, dont dépendait alors la paroisse de Longeville. Les autorisations nécessaires furent données pour y célébrer le Saint Sacrifice et la fête de sainte Asceline. Citons la lettre du grand vicaire de Dijon et le procès-verbal du vénérable Jean-Baptiste Joly, alors curé de Longeville :
« Dijon le 1ᵉʳ avril 1820. Le vicaire général capitu-
« laire, administrateur du diocèse, le siège vacant...
« A Monsieur le chevalier de Moncey, colonel de
« gendarmerie, chevalier de St-Louis et de la Légion
« d'honneur... Monsieur. Nous nous empressons
« de satisfaire à votre pieux désir, en autorisant
« l'ouverture et la restauration de la chapelle de
« sainte Asceline, dont vous nous parlez dans la
« lettre que vous avez bien voulu nous écrire à ce
« sujet. M. Joly, desservant de Longeville, qui nous
« en écrit avec détail reçoit l'autorisation demandée,
« et il voudra bien vous la remettre, ou même la
« conserver, si cela paraît plus convenable. Ce digne
« ecclésiastique se concertera avec M. Driou, curé

« de Montiérender, pour la bénédiction de cette cha-
« pelle et la célébration du premier service divin qui
« aura lieu. Je dois vous observer, Monsieur, que
« l'autorisation que j'ai transmise à M. Joly ne com-
« porte pas la faculté de pouvoir dire, tous les di-
« manches et fêtes, la messe dans cette chapelle :
« cela outrepasserait nos pouvoirs ; il serait néces-
« saire alors d'obtenir une permission du gouverne-
« ment, sur notre demande, et la chapelle devien-
« drait un oratoire domestique. L'autorisation est
« donc limitée et ne donne qu'une latitude raison-
« nable à MM. les prêtres qui seraient appelés à dire
« la messe dans la dite chapelle. J'ai l'honneur d'être,
« etc. Signé : L. Collin, v. *g.* »

« Certificat de la bénédiction de la chapelle de
« sainte Asceline à Boulancourt, paroisse de Longe-
« ville, 22 mai 1820... Nous, Jean-Baptiste Joly, prê-
« tre, desservant de Longeville, vû l'autorisation
« pour le rétablissement de la chapelle de sainte
« Asceline à nous envoyée de Dijon, en date du 1er
« avril 1820, par M. le vicaire général capitulaire,
« administrateur du diocèse, le siège vacant, et ainsi
« conçu : Le vicaire général capitulaire. administra-
« teur, etc. D'après les motifs pieux et édifians
« qui lui ont été exposés par M. le colonel de Moncey,
« pour la restauration d'une ancienne chapelle dédiée
« à sainte Asceline, sœur de saint Bernard (erreur
« du grand vicaire de Dijon), située dans la com-
« mune de Boulancourt, permet et autorise le réta-
« blissement de la dite chapelle, dans la ferme con-
« fiance que destinée à augmenter la foi et la piété
« des fidèles, elle ne sera jamais l'objet d'aucune dé-

« votion tumultueuse, aussi contraire à la religion
« qu'à la tranquilité publique. Cette chapelle sera
« bénie, pourvue d'ornemens décens, et éloignée de
« tous accessoires contraires à la dignité des saints
« mystères qui y seront célébrés les jour et an que
« dessus. Signé : L. Collin, v. g. capitulaire.

« Vu aussi la lettre à nous écrite de Dijon le 31
« mars 1820, par le M. vicaire général capitulaire,
« qui nous donne l'autorisation de bénir la dite cha-
« pelle et d'y célébrer la messe annuellement le
« lundi de la Pentecôte, et même quelquefois dans
« l'année les jours libres : après nous être transpor-
« tés à Boulancourt le samedi 20 mai, veille de la
« Pentecôte, dans l'après-midi, pour la bénédiction
« des ornemens nécessaires à la célébration du Saint
« Sacrifice de la messe et pour la benédiction de la
« nouvelle cloche destinée à convoquer les fidèles à
« l'office divin : Nous nous sommes rendus dans la
« maison de M. de Moncey dès le matin du lende-
« main de la Pentecôte, jour consacré de temps im-
« mémorial à la vénération de sainte Asceline, pa-
« rente de saint Bernard, et vers les onze heures,
« étant revêtus des ornemens sacerdotaux, précédés
« de la bannière et du bâton de sainte Asceline, de
« la croix et des deux acolytes ; précédés encore d'une
« douzaine de filles vêtues de blanc, portant d'une
« main des guirlandes de fleurs et de l'autre un
« cierge allumé ; précédés aussi des enfants de
« chœur et des chantres de notre église ; accompa-
« gnés de M. Dervin, curé desservant de Favresse,
« diocèse de Meaux (actuellement de Châlons-sur-
« Marne), ancien vicaire général de son Eminence le

« cardinal de Loménie, archevêque de Sens, et de M.
« Urbain, curé desservant de Hampigny, diocèse de
« Troyes : suivis de M. le chevalier de Moncey, de
« son honorable famille, et des personnes distin-
« guées que la piété avait engagées à souscrire à son
« invitation. Nous sommes partis processionnelle-
« ment en invoquant l'Esprit Saint par l'hymne
« *Veni creator* et sommes arrivés près de la cha-
« pelle au milieu d'un concours immense de fidèles,
« venus même de très loin, et qui par un extérieur
« religieux annonçaient les sentimens de dévotion et
« de confiance en la sainte dont ils voyaient avec joie
« renouveller la fête, suspendue depuis trente ans
« par les effets d'une révolution atroce et sacri-
« lège... »

Le bon M. Joly parle ensuite de l'effet produit par
une allocution, qu'il prononça en plein air, à cause
de la grande foule des pélerins. Il fut écouté avec un
respect religieux. En 1820, les populations de nos
contrées avaient encore un fond de foi et conservaient certaines habitudes religieuses. Aujour-
d'hui le successeur de M. Joly prêche le plus souvent
dans le désert ; et les quelques personnes qui viennent l'entendre ne profitent guère de ses instructions
et de ses avis... continuons notre citation :

« Nous fîmes ensuite la bénédiction de la chapelle,
« suivant l'autorisation que nous en avions reçue et
« selon les cérémonies prescrites par l'Eglise. Cette bé-
« nédiction fut suivie d'une messe haute pendant la-
« quelle se fit une quête abondante destinée à l'entre-
« tien de ce nouveau monument de piété ; et la céré-

« monie se termina par un *Te Deum* d'action de
« grâces...

« ... En foi de quoi nous avons signé le présent en
« triple copie, etc...

« Longeville, 23 mai 1820. Signé : Joly. »

En 1820, le capitaine de chasseurs à cheval, chevalier de la Légion d'honneur, E. F. H. Jannot-Moncey,
fils du colonel dont il est question ci-dessus, écrivit
une vie de sainte Asceline, en quatre ou cinq pages.
On y rencontre quelques phrases assez déplacées
dans la vie d'une humble servante de Dieu, et qui
ont l'air d'une réclame libérale. Le capitaine Moncey
contribua à détourner le pélerinage à la chapelle de
sainte Asceline de son véritable but. Il voulut en
faire la fête de la beauté (et peut être un peu de la
vertu) : Le capitaine, au jour consacré à honorer
notre sainte, couronnait à Boulancourt *la belle des
belles.*

Cette fête perdit peu à peu de son caractère chrétien : ce fut une occasion de réjouissances mondai-
nes, parfois plus ou moins scandaleuses. Cet état de
choses amena quelques difficultés avec l'autorité religieuse : la chapelle fut interdite pendant plusieurs
années.

Maintenant (1877) on chante, le lundi de la Pentecôte, une grand'messe à la chapelle de sainte
Asceline : un petit nombre de personne y assistent.
Dans l'après-midi a lieu la fête mondaine beaucoup
plus suivie que la fête religieuse.

Si le bienheureux Gossuin, la bienheureuse Emeline et sainte Asceline revenaient dans ce pays qu'ils
ont habité, qu'ils ont sanctifié par leurs vertus;

quel changement n'y trouveraient-ils pas ? Y verraient-ils un véritable progrès, un changement en mieux ?... Nous en doutons fort... Malgré les rengaines de nos hommes de progrès, malgré les vanteries et les balivernes du gobe-mouches et du badaud moderne, nous nous demandons si l'histoire placera notre fameux dix-neuvième siècle au-dessus du douzième et du treizième, époque de tyrannie et d'ignorance, dit-on, mais époque d'honneur, de courage et de foi qui nous a donné saint Bernard et saint Louis.

Les monuments de la foi de nos pères ont en grande partie disparu : ces antiques monastères qui servaient d'abris à tant de pauvres âmes, et qui pratiquaient si largement la charité ne sont plus ! En sommes-nous plus heureux ?

Après la destruction du couvent des Dames, il y avait près de l'emplacement de l'ancien monastère, la ferme des Dames et le moulin des Dames : il n'existe plus aucun bâtiment portant ce nom. On donne encore maintenant à une pièce de terre, environnée de fossés à moitié comblés, le nom de cour des Dames. Ce terrain est plus élevé que les champs environnants : il renferme des débris de tuiles et de briques. Près de là est le gué des Dames, sur la Laine, et aussi le bois des Dames, arraché en partie il y a quelques années. La chapelle de sainte Asceline était la propriété de la famille Moncey. Après la vente des biens du capitaine, ce petit oratoire passa dans différentes mains. En 1858, M. Doré (le poëte de Boulancourt), le revendit à M. Pierre-Louis Gouthières ; il était alors en assez mauvais état. Le nouveau propriétaire, aidé par des personnes animées de sentiments de dévotion pour sainte Asceline, fit, en 1859, des réparations importantes à la chapelle, qui quoique bâtie en bois, a cependant un aspect décent. Plusieurs beaux sapins forment devant l'entrée comme un portique de verdure et abritent la fontaine sacrée. Il existe dans cette petite chapelle des reliques provenant de l'abbaye de Boulancourt : Les unes sont renfermées dans une caisse qui se trouve à l'intérieur de l'autel ; je ne les ai point examinées. Les autres sont placées sur les gradins de l'autel, dans deux reliquaires de bois peint, avec des verres qui permettent d'apercevoir deux boîtes enveloppées d'étoffe bleue. Dans ces deux petits coffrets se trouvent différents ossements : des fragments de crâne, un os maxilliaire, des parties d'os des bras et des jambes, une vertèbre, etc. Ces reliques sont-elles authentiques ?

Il n'existe plus aucun parchemin, aucun papier qui le constate. Voici ce que dit à ce sujet le capitaine Moncey, qui écrivait, en 1820, et par conséquent assez peu de temps après la ruine de l'église de Boulancourt, pour avoir des donnnées certaines.... « Depuis, les « dépouilles de ce saint (saint Gossuin) et de ces « saintes (sainte Emeline et sainte Asceline) ont été « conservées par des personnes pieuses, lors de la « destruction de l'église de Boulancourt, qui eut lieu « en 1793 ; et maintenant elles sont déposées dans « des châsses, sur l'autel, dans la chapelle de sainte « Asceline, recontruite en l'an 1820. » (1).

(1) Je trouve dans les archives de la fabrique, un certificat constatant qu'en l'année 1797, un nommé Joseph Lemoine, au service

Nous allons citer en terminant et en invoquant de tout notre cœur, la protection de notre chère sainte, l'antienne, le verset et l'oraison en l'honneur de Sainte Asceline, que l'on trouve dans l'ouvrage *Lilia cistercii* du P. Henriquez (1).

de M. Oudot, curé de Wassy, alors propriétaire de l'abbaye de Boulancourt et y résidant, a ouvert le tombeau de Sainte Asceline et en a extrait une certaine quantité d'ossements, mais sans authentiques, qui ont été remis à M. Oudot, qui les a conservés jusqu'à sa mort, arrivée en 1815 Alors le même domestique les a donnés à la fabrique de Wassy, qui les a fait enchasser et exposer à la vénération des fidèles... Je lis encore ailleurs, que sainte Asceline était nièce de saint Bernard, native de Ville, proche de Laferté-sur-Aube, que les religieux célébraient sa fête le 18 mai, que son corps reposait en l'abbaye de Boulancourt et qu'elle mourût en l'an mil cent nonante cinq.

Le couvent de Notre-Dame de Boulancourt ayant été détruit dans une guerre désastreuse, François Nicolas de Hampigny abbé de Boulancourt fit transporter les dépouilles mortelles de Sainte Asceline, de Sainte Emeline et de Saint-Gossuin religieux, au dit Boulancourt dans un tombeau de pierre à gauche du grand autel Ce tombeau de pierre a subsisté jusqu'à la démolition de l'église de Boulancourt qui eut lieu en 1797, démolition qui a duré deux ou trois ans. A l'entrée du bois des Dames, proche Boulancourt, fut fondé vers 1149 un couvent des Dames-les-Boulancourt et dont sainte Asceline fut prieure ee 1184.

(Note de M. Vouriot, vicaire général de Langres).

(1) Extrait de la brochure de M. Lucot, avec traduction du même-

Antiphona et oratio sanctæ Aszelinæ

—

O gloriosa Aszelina, virgo honestissima, decus religionis totius ordinis cisterciensis, conservatio ecclesiæ et abbatiæ Bullencuriæ, et omnium monachorum in eâ habitantium, tibi laus, honor, virtus, gloria et jubilatio. Nos indigni obnixe te deprecamur, ut meritis tuis eripiamur ab omnibus peccatis nostris et dum finis vitæ nostræ advenerit, animas nostras ad cælum palatium conducas et præsentare digneris ante cons-

Antienne et oraison en l'honneur de sainte Asceline

—

O glorieuse Asceline, vierge très illustre, ornement de tout l'ordre de Citeaux, protectrice de l'église et de l'abbaye de Boulancourt et de tous ses habitants, nous vous louons, nous vous honorons, nous proclamons votre puissance, nous célébrons vos vertus. Tout indignes que nous sommes, nous vous supplions instamment de nous affranchir par vos mérites du lien de nos pé-

pectum divinæ potentiæ. Obsecramus et, sicut sanasti infirmos, et dæmones abire fecisti de corporibus eorum ità sana nos à qualicumque infirmitate corporis et animæ, et custodias istud templum nomini tuo consecratum, et omnes religiosos in eo habitantes, ut in fine regnum æternum obtineant.

Ora pro nobis beata Aszelina, ut digni officiamur promissionibus Christi.

Omnipotens sempiterne Deus, in cujus nomine beata Aszelina multarum diaboli tentationum genera superavit, concede propitius ut ejus interventu à peccatis liberemur, et ab omni infirmitate conservemur. Per Christum Dominum nostrum.

Amen.

chés, et, quand viendra la fin de notre vie, de conduire nos âmes au bienheureux séjour pour les présenter à la divine majesté. Vous rendiez autrefois la santé aux malades, vous chassiez les démons du corps des possédés : veuillez aussi nous guérir de toute infirmité du corps et de l'âme, et garder ce temple qui vous est dédié et tous les religieux qui viennent y prier, afin qu'ils obtiennent après cette vie le royaume éternel.

Priez pour nous, bienheureuse Asceline ; afin que nous devenions dignes des promesses de Jésus-Christ.

Dieu tout puissant et éternel, au nom duquel la bienheureuse Asceline a souvent triomphé des tentations du démon, accordez nous, dans votre miséricorde, d'être par son intercession délivrés du péché et préservés de toute infirmité. Par Jésus-Christ notre Seigneur.

Ainsi soit-il.

Nous avons dit que nous honorions sainte Asceline le lundi après la Pentecôte : C'est la fête du pèlerinage. Avant la Révolution, le couvent de Boulancourt célébrait la fête de notre sainte le 8 mai ; ailleurs, dans le diocèse de Troyes, on l'honorait le 23 août.

« ... et sy c'est le vouloir de Dieu et de sa Chière
« Mère, que ce présent escript soit pour vous à ins-
« truction et édification, je vous prie avoir ma povre
« âme pour recommandée... »

C. E. B.

Cantique de sainte Asceline, patronne de Boulancourt

par M. l'abbé Lerouge

Air du Chapelet de la Salette : *C'est l'heure, etc.*

1

Allons enfants à la Chapelle
De la Sainte de Boulancourt,
La bienheureuse vous appelle
De sa fête c'est l'heureux jour (bis)

REFRAIN

Sainte Asceline priez pour nous ! (bis)

2

Sainte Asceline dès l'enfance
Chérissait le Seigneur Jésus ;
Elle contemplait en silence,
Sur la croix ce roi des élus (bis)
Sainte Asceline priez pour nous (bis)

3

On eut dit un ange en prière
Au sacrifice de l'autel ;
Jésus descendant sur la terre
Lui disait les secrets du Ciel (bis)
Sainte Asceline priez pour nous (bis)

4

Combien grande était sa tendresse
Pour la mère du Dieu sauveur !
Cent fois le jour, dans l'allégresse,
Elle lui consacrait son cœur (bis)
Sainte Asceline priez pour nous (bis)

5

Du démon toute la malice
Ne put rien contre l'humble enfant ;
Elle avait une protectrice
Toujours plus forte que Satan (bis)
Sainte Asceline priez pour nous (bis)

6

Sainte Asceline avec les anges
En des concerts délicieux,
Chantait les divines louanges
Du Père qui vit dans les Cieux (bis)
Sainte Asceline priez nous nous (bis)

7

Ainsi cette vierge fidèle,
Fleur céleste dès le berceau,
Est à jamais notre modèle
Et la gloire de ce hameau (bis)
Sainte Asceline priez pour nous (bis)

8

Le flambeau de la foi divine
Chez nous hélas ! ne brille plus !!
Rallumez le Sainte Asceline
Sur le cœur sacré de Jésus (bis)
Sainte Asceline priez pour nous (bis)

9

Obtenez-nous la modestie
Qui ravit les yeux du Seigneur ;
Obtenez-nous d'aimer Marie
Comme vous de tout notre cœur (bis)
Sainte Asceline priez pour nous (bis)

10

De vos pas nous suivons la trace,
O Patronne de Boulancourt !
Par vous nous espérons la grâce
De régner dans le Ciel un jour ! (bis)
Sainte Asceline priez pour nous (bis)

LANGRES. — IMP. LEPITRE-RIGOLLOT

La notice sur les saints de Boulancourt a été écrite
par moi en 1877, lorsque j'étais curé de Longeville. Je
l'ai laissée telle... Certaines choses ont changé... La
chapelle de sainte Asceline ne subsiste plus !...
(Novembre 1897)   C. E. B.